AF247636

Oz
235

PETITE VIE

DE

SAINT ANTOINE

DE PADOUE

PAR

L'ABBÉ A. F.

———

Se vend au profit de la restauration de la chapelle
du saint, dans la cathédrale de Tours

———

TOURS

ES PRINCIPAUX LIBRAIRES

—

1886

PETITE VIE

DE

SAINT ANTOINE

DE PADOUE

Imprimatur.

Turon. die 15 augusti 1886.

GUILLELMUS-RENATUS, Archiepisc. Turon.

PETITE VIE

DE

SAINT ANTOINE

DE PADOUE

PAR

L'ABBÉ A. F.

Se vend au profit de la restauration de la chapelle
du saint, dans la cathédrale de Tours

TOURS

CHEZ LES PRINCIPAUX LIBRAIRES

1886

Cet opuscule, où se trouvent exposées brièvement et simplement les diverses phases de la vie de saint Antoine de Padoue, n'est guère que le résumé de plusieurs ouvrages. Je me suis servi surtout du travail si consciencieux et si complet de l'abbé J.-A. Guyard, vicaire général de Montauban. Les Petits Bollandistes, l'Histoire de l'abbé Rohrbacher, le bréviaire romain, un manuel de dévotion du R. P. Henry, capucin, m'ont été également d'un utile secours.

Puissent ces quelques pages faire mieux connaître le glorieux thaumaturge saint Antoine, exciter la confiance en son pouvoir, et contribuer à la restauration de sa modeste chapelle!

A. F.

PETITE VIE

DE

SAINT ANTOINE

DE PADOUE

CHAPITRE I

Sa naissance. — Ses premières années. —
Sa vocation.

Fernandez ou Ferdinand, connu plus tard sous le nom d'Antoine, naquit à Lisbonne, le jour de l'Assomption 1195. Son père, Martin de Bouillon, était de la famille du fameux Godefroy qui illustra la première croisade. Thérèse de Tavera, sa mère, alliait ses origines à celles des plus nobles races du Portugal. Les parents de Ferdinand étaient donc riches des grandeurs de la terre, mais bien plus encore des dons célestes. Aussi, quelle enfance privilégiée fut celle de notre saint !

De bonne heure, par les soins vigilants de sa pieuse mère, ses lèvres innocentes furent habituées à réciter fréquemment la Salutation angélique. Les noms si doux de Jésus et de Marie lui devinrent bientôt familiers, et rien n'égalait la joie de sa jeune âme lorsqu'on lui parlait de l'adorable Trinité, de la Vierge sans tache ou des bienheureux du paradis.

L'heure si grave de l'éducation était arrivée, Martin et Thérèse n'eurent pas à chercher bien loin où placer dignement leur confiance. En face de leur palais, les chanoines de la cathédrale tenaient école; Ferdinand fut remis entre leurs mains, et il ne fut pas besoin d'une longue expérience pour révéler à ces maîtres habiles autant que sages le précieux trésor qu'ils possédaient : les sciences sacrées et profanes ravissaient l'admiration de leur élève ; son ardeur généreuse s'enflammait pour l'étude, et en même temps les vertus les plus aimables venaient solliciter, séduire son cœur, et faisaient répandre autour de sa personne le parfum de l'édification. Il se montrait affable, d'une humeur toujours égale, et plein de prévenances pour tous. La pauvreté, la misère, en un mot tout ce qui portait l'empreinte de la douleur ou de l'infortune éveillait ses meilleures sympathies.

Son extérieur agréable était encore embelli par des manières distinguées. Il avait un esprit orné, une âme aimante et douée de la sensibilité la plus exquise.

Mais tant d'excellentes dispositions serviraient-elles à l'ornement du siècle, ou iraient-elles s'abriter, grandir et se perfectionner à l'ombre des sanctuaires privilégiés du Seigneur? Telle était la question que se posait le jeune étudiant. Il était d'âge à la résoudre, ses quinze ans venaient de sonner.

Néanmoins, le jour ne se fit pas tout de suite sur cette importante affaire, il y eut un moment d'hésitation. Ferdinand pria avec ferveur. Il se recommanda surtout à celle qu'il aimait à appeler la Mère de miséricorde, la Consolatrice des affligés, et il la suppliait ardemment d'être pour lui l'Étoile de la mer. Marie entendit sa requête, et, versant dans son âme la lumière qu'il implorait, elle l'inclina vers ses autels et ceux de son divin Fils.

CHAPITRE II

Saint Antoine au couvent de Saint-Vincent et en celui
de Sainte-Croix, à Coïmbre. — Sa prêtrise. — Un
miracle opéré en sa faveur.

Ferdinand, désormais éclairé et affermi,
prit congé de ses maîtres, leur prodiguant
toute sa reconnaissance et réclamant leur bé-
nédiction. Quelques jours après, il frappait
à la porte du couvent de Saint-Vincent, non
loin de Lisbonne. Là vivaient, dans un grand
renom de science et de sainteté, des chanoines réguliers de Saint-Augustin. Le prieur
de ces religieux fut grandement touché de
la modestie et de la candeur du jeune sup-
pliant, et il l'admit aussitôt au nombre de
ses sujets. C'était au mois d'août ou de septembre de l'an 1210.

Cette entrée au monastère fit éclat dans la
capitale, et il n'y eut d'expédient si ingénieux
qui ne fût mis en œuvre pour éteindre cette

vocation naissante. Dans ce but, parents[1], amis, travaillaient de concert; et c'est afin d'échapper à leurs visites importunes et à leurs sollicitations fatigantes que Ferdinand, au bout de deux années, demanda à ses supérieurs de se retirer à Coïmbre, au monastère dit de Sainte-Croix, à trente-six lieues environ de Lisbonne. L'abbé accorda avec une peine profonde l'éloignement d'un pareil novice. A Coïmbre, au contraire, on fut à la joie, et b entôt dans la plus haute admiration. Le nouveau venu avait des manières si douces et si insinuantes! Sa ferveur paraissait si angélique, sa science si précoce! Il était passionné pour la solitude et les austérités. Ses journées, toutes marquées d'une régularité parfaite, étaient remplies par un travail opiniâtre.

Tant de vertus attendaient leur couronnement, tant de mérites leur récompense. Ferdinand, de par la volonté de ses chefs, fut promu à la dignité des clercs, et, de degré en degré, il s'éleva jusqu'au sacerdoce. C'était en 1220, la dernière année de son séjour à Sainte-Croix, et la vingt-cinquième de son âge.

Lui, déjà si instruit, voulut s'instruire

---

[1] Non pas ses plus proches, ils étaient morts.

encore davantage. Il suivit assidûment les leçons que de savants maîtres donnaient dans le monastère; il mit à contribution les grands théologiens, parcourut les écrits des saints Pères, et surtout puisa abondamment aux sources toujours si fécondes de la sainte Écriture.

Ce jeune prêtre semblait donc mûr pour de grandes choses, d'autant plus que Dieu venait d'opérer en sa faveur une de ces merveilles qu'il réserve de coutume à ses amis de prédilection. Un jour que Ferdinand travaillait au dehors, la cloche de la chapelle, par ses tintements répétés, annonça l'élévation. Le pieux travailleur, tombant à genoux, se mit en devoir d'adorer son Dieu qui descendait près de lui. Mais, ô prodige, pendant qu'il adore, les murs de la chapelle s'entr'ouvrent, et lui laissent apercevoir à l'autel le prêtre tenant en ses mains la blanche hostie.

CHAPITRE III

Par cette attention si délicate de la Providence, la vie de Ferdinand au monastère de
Coïmbre n'avait-elle pas reçu une sorte de
consécration divine? Et cependant ce n'est
pas là qu'elle devait s'écouler. Notre ardent
religieux se sentait d'invincibles attraits vers
une existence plus pauvre, plus pleine de
mortification et de dévouement. Notre-Seigneur avait blessé son cœur d'une plaie qui
ne se fermait point. « Oh ! puissé-je, répé-
tait-il souvent, donner ma vie pour l'amour
de Celui qui a tant aimé les hommes ! »

Pendant qu'il rêvait ainsi de solitude plus
profonde et d'immolation plus absolue, il arriva que don Pedro, infant de Portugal, fit
venir du Maroc les reliques de cinq frères
mineurs martyrisés récemment par les infi-

dèles. On décerna à leurs dépouilles vénérées les plus magnifiques honneurs. Ferdinand recueillit de ces fêtes une impression des plus vives : l'amour du sacrifice s'alluma en lui plus fort que jamais.

Les circonstances d'ailleurs le favorisèrent. Il y avait dans le voisinage de Coïmbre un très petit établissement de franciscains appelé Saint-Antoine-des-Oliviers (Santo-Antonio-de-Olivarès). De cette modeste demeure sortaient fréquemment les pauvres fils de saint François, pour aller mendier leur subsistance. Ils apparaissaient ainsi, par intervalle, à la porte du riche couvent des augustins. Ferdinand bénissait leur arrivée; il ne pouvait se lasser d'admirer la simplicité, l'abnégation, l'esprit de foi de ces hommes; et, dans le secret de son âme, il les jalousait saintement. Enfin, ne se contenant plus, un jour il les prit à part et leur manifesta tout son dessein : il voulait être des leurs. De pieux historiens vont même jusqu'à dire que, pendant qu'il méditait ce projet, saint François lui-même, alors en Italie, survint tout à coup miraculeusement pour lui déclarer que la volonté de Dieu l'appelait bien chez les frères mineurs. Toujours est-il que la décision en était arrêtée et que les frères quêteurs, qui en reçurent la nouvelle avec une joie facile à comprendre, devaient revenir le lendemain à Sainte-Croix pour agréger le postulant à leur ordre.

On devine la tristesse des augustins. L'un d'entre eux jugea même à propos de glisser dans ses adieux quelque ironie : « Allez, lui dit-il, vous deviendrez peut-être un saint. » Et l'humble disciple de François de répondre, dans un esprit prophétique : « Quand vous apprendrez ma canonisation, certainement vous en louerez le Seigneur. » Prédiction qui se réalisa à la lettre. Ferdinand fut canonisé, et les deux ordres religieux, augustins et franciscains, également fiers d'un tel saint. n'ont cessé depuis lors, pour honorer sa mémoire, d'associer fraternellement, chaque année, au jour de sa fête, et leur commune allégresse, et leurs prières, et leurs louanges.

Revêtu de l'habit des mineurs, Ferdinand fut emmené au couvent d'Olivarès. C'est là que, pour se dérober davantage à des recherches persévérantes, il changea son nom contre celui d'Antoine, en souvenir de ce qu'on avait dédié à ce grand saint le premier couvent séraphique établi en Portugal. C'est désormais Antoine que nous allons voir à l'œuvre.

CHAPITRE IV

Saint Antoine part pour l'Afrique. — Ramené miraculeusement en Sicile, il assiste au chapitre général. — Il se fixe dans la Romagne.

Antoine n'avait point oublié le martyre de ceux que maintenant il lui était permis de nommer ses frères. Leur sang encore tout fumant semblait le provoquer à leurs combats et aussi à leur triomphe. Il fit donc instance auprès de ses supérieurs pour passer en Afrique. Son vœu exaucé, il s'embarque au plus vite, et bientôt il aborde tout joyeux aux rivages barbares. Mais, hélas! Dieu devait se contenter des premiers élans de ce zèle de feu, et du désir qui dévorait son cœur : une grave maladie arrêta toujours l'ardent missionnaire et le contraignit finalement à reprendre la mer pour l'Espagne. Il voguait tranquillement lorsque, nouveau mécompte, ou plutôt nouveau coup de la Providence, une violente tempête assaillit le vaisseau qui le portait et le jeta sur les côtes de Sicile. Antoine descendit, avec les autres passagers, dans la province de Messine. Là on lui apprit que saint François se disposait à tenir le chapitre général de son ordre à Assise, capitale de l'Ombrie : bonne fortune pour notre jeune franciscain, qui n'avait rien tant désiré que de contempler, réunis dans une seule assemblée, tous ces fervents religieux, ces glorieux soldats du Christ, ces vaillants apôtres toujours prêts à verser leur sang pour la foi.

Il partit donc pour l'Ombrie; et dans ce concile de tous ses frères, dans ce chapitre vénérable, il put admirer et s'édifier à loisir. Ce qui le ravissait par-dessus tout, c'était l'angélique figure du bienheureux patriarche François. Mais ce qui lui causa encore une joie extrême, tant il avait de mépris pour sa propre personne, ce fut l'espèce d'abandon dans lequel on affecta de le laisser; nul ne fit attention à lui; le saint patriarche lui-même ne lui donna pas un regard; et, dans la répartition des emplois, Antoine seul fut oublié. Son humilité s'en applaudit.

Cependant la divine Providence poursuivait mystérieusement son plan. Il était venu à Assise, pour l'assemblée, générale le père Gratien, ministre de la province de Romagne. Ce bon père, avant de regagner son poste, voulait trouver un religieux prêtre qui pût se rendre avec lui afin de dire quotidiennement la messe à quelques frères vivant en solitude sur le mont Saint-Paul, près de Bologne. Après d'infructueuses recherches, Antoine enfin se présenta. Le ministre fut enchanté, et tous les deux s'acheminèrent aussitôt vers la Romagne.

CHAPITRE V

Saint Antoine se révèle comme prédicateur. —
On l'applique à l'étude et à l'enseignement.

Arrivé à son ermitage, Antoine se hâta
d'élire domicile dans une petite cellule creu-
sée au flanc d'un rocher. Là son âme se
trouvait à merveille, et par la contemplation
qu'elle aimait et par les pénitences auxquelles
elle pouvait assujettir son corps. Et de cet
asile délicieux Antoine ne sortait point, si ce
n'est pour l'accomplissement de sa charge.
Bientôt pourtant il en partira pour jeter à
son insu les fondements de sa gloire future.

Il y avait déjà neuf mois qu'il exerçait les
modestes fonctions d'aumônier, lorsqu'un
jour il dut accompagner des frères de son
couvent envoyés à Forli pour recevoir les
saints Ordres. Aux mineurs s'étaient joints
des dominicains et des clercs séculiers. Or
la coutume voulait qu'on adressât une exhortation à tous ces ordinands. L'évêque s'en

remit donc au gardien du mont Saint-Paul du soin de choisir un orateur. La chose ne fut pas si commode : plusieurs dominicains invités s'excusèrent tous successivement. Alors, dans son embarras, le père gardien ordonne à Antoine, en vertu de la sainte obéissance, de porter la parole. Le fardeau paraissait bien lourd à l'humble religieux ; mais on lui dit, et ce fut son espoir, de compter sur la grâce du ciel.

Il commença d'abord avec beaucoup de simplicité, usant d'expressions familières. Puis, affirme un de ses historiens, il s'anima peu à peu, et bientôt se sentit comme embrasé d'une ardeur surnaturelle. Sa parole sortait rapide, énergique, enflammée ; des flots d'une éloquence toute divine s'échappaient de ses lèvres. Tout l'auditoire frémit d'étonnement et d'admiration : on répandait des larmes de joie, l'enthousiasme était indescriptible ; la grâce de Dieu venait de révéler Antoine.

Son supérieur s'empressa d'avertir le provincial, qui lui-même fit part à saint François de l'heureuse découverte. Il fut convenu qu'Antoine s'adonnerait désormais à l'étude de la théologie et au ministère de la prédication. C'était la vingt-septième année de son âge, en l'an 1222.

Docile à la direction de ses chefs, le pieux franciscain se rendit à Verceil, où professait avec un éclat extraordinaire un ancien religieux de Saint-Victor de Paris, Thomas, abbé de Saint-André. Perfectionné à l'école d'un tel maître, Antoine reçut à son tour de saint François, sur la prière de ses frères, la mission d'enseigner dans les couvents de son ordre. Il inaugura ses leçons à Bologne, en 1223. On y accourut en foule. Mais l'enseignement ne suffisait point à son zèle, et, malgré les soins appliqués que réclamait la préparation de son cours, le professeur trouvait encore le temps d'être apôtre et directeur : il prêchait et confessait.

CHAPITRE VI

Saint Antoine prédicateur, confesseur, thaumaturge.

La prédication, c'est là surtout qu'excella Antoine. On le vit bien à la station quadragésimale de 1224. Il était revenu à Verceil. Les plus magnifiques succès récompensèrent sa parole tout apostolique, et les triomphes du début ne devaient jamais se démentir.

Ses biographes nous apprennent en quelques mots le secret de cette puissance persuasive. Antoine, écrivent-ils, était tout zèle, tout flamme pour la conversion des pécheurs. Le sacrifice de sa vie ne lui aurait point coûté ; les considérations humaines ne l'émouvaient en rien ; il ignorait toute faiblesse et tout déguisement des maximes évangéliques. Son langage, plein d'une sainte liberté, proclamait la vérité aux grands aussi bien qu'aux petits, et, néanmoins, il savait toujours par la douceur tempérer la sévérité. Sa science dans l'interprétation des Écritures était si profonde que le pape Grégoire IX n'hésitait pas à l'appeler « l'arche du Testament ». Il jouissait d'ailleurs d'une très riche mémoire.

A ces qualités de fond Antoine joignait de précieux avantages extérieurs. Il avait des dehors polis, une manière aisée, un air intéressant. Sa voix était forte, claire, agréable, et chacune de ses paroles s'élançait comme une flèche qui va percer les cœurs.

Aussi comme on se précipitait à l'envi sur les pas de l'homme de Dieu ! Quelles foules il contemplait réunies au pied de sa chaire ! Souvent même, à cause de la multitude, il fallait se transporter sur les places publiques et en pleine campagne. Pour choisir et retenir sa place on voyageait la nuit à la lueur des flambeaux. Et tout ce mouvement n'était pas vaine curiosité ou engouement frivole : des conversions nombreuses s'opéraient, et, quelquefois, des plus inattendues. Les sacrements étaient tellement fréquentés que les prêtres ne pouvaient suffire à la tâche. Antoine lui-même consacrait de longues heures au confessionnal, où il se montrait aussi habile directeur qu'il était prédicateur excellent.

Tous ces fruits merveilleux, qui seront habituellement le résultat des différentes prédications d'Antoine, se produisirent dès la station de Verceil. En cette circonstance aussi, il fut donné aux fidèles d'admirer à côté du prédicateur éloquent et du guide éclairé des consciences le puissant thaumaturge. Un matin que le disciple de saint François faisait son exhortation d'usage dans la grande basilique, des bruits confus partirent d'une chapelle latérale. Bientôt on distingua des sanglots et des cris déchirants. On venait d'introduire dans le lieu saint la dépouille mortelle d'un pauvre jeune homme. Tout ému de ce spectacle, Antoine suspend son entretien, se recueille et lève les yeux au ciel comme dans une ardente prière. Puis, se tournant vers le cortège funèbre, au nom de Jésus-Christ, il commande à l'adolescent de sortir de son cercueil. Aussitôt, ô merveille divine! le mort se dresse, apparaît plein de vie, et vient sécher les larmes de sa famille désolée. Tel désormais sera toujours Antoine : à l'attrait si séduisant de sa parole en chaire, à l'onction si pénétrante de ses avis au saint tribunal, on le verra constamment unir le prestige des miracles les plus éclatants et les plus incontestés.

CHAPITRE VII

Saint Antoine en France, — à Montpellier,
— à Toulouse.

L'Italie avait eu les prémices de son apostolat, à la France était réservé d'en ressentir abondamment dans la suite les effets salutaires. Le midi de ce beau pays était terriblement ravagé par les Albigeois. Semant partout des doctrines affreuses et ne reculant devant aucun méfait, ils ne tendaient à rien moins qu'à tout bouleverser dans l'ordre moral et dans l'ordre physique. Pour essayer d'arrêter de pareils ennemis, saint François offrit son fils Antoine. Le zélé missionnaire arriva en l'été de 1224. Il s'en prit immédiatement dans ses discours à tous ces perturbateurs de la paix publique. Il les pourchassa avec tant de vigueur, que nul n'osait lui répliquer ni le contredire, et ses coups étaient si rudes, que la voix populaire l'avait surnommé « le marteau des hérétiques ». Mais il ne devait pas demeurer longtemps au milieu de ces luttes épuisantes.

Vers la fin de la même année on l'envoya professer la théologie à Montpellier. Deux incidents qui tenaient du prodige marquèrent son passage en cette ville. Dans l'intervalle de ses cours il avait pu composer un travail sur les Psaumes. Malheureusement, un novice, poussé par je ne sais quel esprit, lui déroba son ouvrage et s'enfuit. Antoine, fort contristé, se mit en prière. Bientôt le fugitif, parvenu sur la rive d'un fleuve qu'il lui fallait franchir, s'arrêta, glacé d'épouvante : un spectre hideux venait de lui apparaître. Il le prit pour le démon. Toujours est-il que ce spectre le menaçait de mort s'il ne restituait le bien volé. Le coupable, tout tremblant, rebrousse chemin et accourt aux pieds d'Antoine confesser sa faute et implorer son pardon. Ne convient-il pas de voir dans ce fait un des principaux fondements de la confiance qui anime toujours les fidèles quand ils invoquent saint Antoine pour retrouver les objets perdus ?

Le second incident eut lieu dans la cathédrale même de Montpellier, le jour de Pâques de l'an 1225. Antoine y prêchait. Il avait à peine commencé son sermon lorsque tout à

coup, s'interrompant, il se couvrit la tête de
son capuchon, se pencha sur le bord de la
chaire, et retint assez longtemps cette sin-
gulière attitude. Dans l'auditoire on crut à
une indisposition, ou mieux à une extase.
La vérité est qu'un miracle se passait. La
coutume était, dans le couvent d'Antoine,
que deux des plus anciens religieux chantas-
sent l'alléluia à la messe solennelle. Antoine
avait été désigné pour remplir cet office;
l'heure en était venue, et il n'avait point
songé à se faire remplacer. Dieu vint en aide
à son serviteur : par sa permission, le disciple de saint François apparut tout à la fois
en chaire, devant les chrétiens, et au chœur,
au milieu de ses frères. L'alléluia chanté,
Antoine reprit ses sens, se découvrit la tête,
et, sans plus d'émotion, continua son discours.

Après Montpellier, c'est Toulouse qui eut
le bonheur de recevoir la visite de l'homme
de Dieu, en cette même année 1225. Il s'y
montra aussi théologien et prédicateur; et,
comme précédemment, de nombreuses conversions vinrent récompenser et encourager
son zèle.

Toutefois il essuya auprès d'un sectaire
une résistance des plus opiniâtres, mais qui
finalement devait tourner, et d'une façon

merveilleuse, à la gloire de Dieu et au salut du récalcitrant. Ils avaient chaudement disputé sur le sacrement de nos autels ; l'hérétique ne se rendait point aux raisons d'Antoine. Désireux pourtant de témoigner de sa bonne volonté, il proposa de lui-même un expédient : « Laissons là le discours, dit-il au saint religieux, et venons aux faits. Si vous pouvez prouver par un miracle public, indiscutable, que le corps du Christ se trouve réellement dans l'Eucharistie, je jure que je renonce sur-le-champ à mon erreur, et que je m'incline sous le joug de la foi. » Antoine, confiant dans le Seigneur, accepta la proposition. Alors l'Albigeois poursuivit : « Je possède une mule, je l'enfermerai pendant trois jours et la priverai de nourriture. Ensuite je l'amènerai ici devant la multitude et lui offrirai à manger. Vous, de votre côté, vous arriverez avec l'hostie consacrée. Si la mule, malgré sa faim dévorante, laisse les provisions qui lui seront présentées et s'incline devant ce Dieu qui doit, selon vous, être adoré par toute créature, je ne ferai plus aucune résistance et j'obéirai humblement à l'Église. » Ces conditions furent agréables à Antoine, qui se retira pour prier son Sauveur.

Au jour convenu, le sectaire arrivait sur la

place de la ville. Nombre d'affidés l'accompagnaient, et lui-même conduisait la mule qu'il faisait suivre ostensiblement de sa nourriture préférée. Bientôt Antoine sortit d'une chapelle voisine, il était entouré d'une grande foule de fidèles ; en ses mains rayonnait l'ostensoir où trônait la divine Eucharistie, et, pendant que la procession s'avançait majestueuse, des hymnes saintes et des prières ferventes montaient vers le ciel. Parvenu en face de ses adversaires, Antoine s'arrête, jette les yeux sur la mule et s'écrie : « Au nom de ton Créateur, que je porte en ce moment, malgré mon indignité, et, en vertu de sa toute-puissance, je t'ordonne d'adorer ce Dieu fait homme, afin que la malice de l'hérésie soit confondue et que tous soient forcés de reconnaître la divinité de Celui qui, à la voix du prêtre, s'immole chaque jour sur l'autel. »

Au même instant on présente à manger à la mule. Mais, ô merveille ! la docile créature n'entend que la voix d'Antoine : elle se prosterne à terre et se tient immobile dans cette situation. Tout aussitôt d'immenses cris de joie retentissent, le cantique de la reconnaissance éclate sur toutes les lèvres. Les hérétiques demeurent confondus, et celui d'entre eux qui avait provoqué le miracle, fidèle à sa parole, tombe aux genoux d'Antoine, adore le saint Sacrement à haute voix et se déclare catholique.

Le beau jour de l'Assomption de 1225 ne devait point se passer sans procurer à Antoine une faveur bien précieuse. On allait réciter au chœur l'office de Prime. Pendant cet office serait lu, ainsi qu'on le fait encore, le martyrologe. Seulement ce martyrologe était celui d'Usuard, dans lequel on parle comme d'une chose douteuse de l'Assomption en corps de la Vierge Marie. Or cela révoltait l'âme si pieuse d'Antoine. Il croyait, lui, à l'exaltation de sa mère, et, pour que ses oreilles n'eussent pas à être choquées par un langage contraire à ses convictions, il refusa de se rendre à l'église. Bientôt ce fils si affectueux de Marie reçut la récompense de sa foi. La Reine du Ciel lui apparut escortée de chérubins et de séraphins, au sein d'une clarté éblouissante, et elle l'assura qu'elle était véritablement montée au paradis en corps et en âme.

CHAPITRE VIII

Saint Antoine au monastère du Puy-en-Velay,
— à Brives.

Au mois de septembre suivant, Antoine fut envoyé comme gardien au monastère du Puy-en-Velay. Ici, comme partout, il nous faudra admirer l'homme de Dieu, opérant des prodiges presque à chaque pas de son existence. Et tout d'abord un fait curieux nous montre jusqu'à quel degré il était animé de l'esprit prophétique.

Souvent il rencontrait sur sa route un certain notaire de mœurs déréglées; et, à chaque fois, Antoine ne manquait pas de se découvrir respectueusement et même de tomber à genoux. Étonnement du notaire qui croit à une dérision; finalement, ne pouvant se soustraire à des hommages si importuns, malgré tout le soin qu'il en prenait, il s'exaspère et interpelle vivement le religieux. « Si je ne redoutais, s'écria-t-il, la colère de Dieu, je vous percerais de mon glaive. Que signifie cette ridicule manière d'agir ? » Et Antoine de répondre avec calme : « Mon désir le plus ardent eût été de mourir martyr ; le Seigneur ne l'a pas voulu ; mais il m'a révélé que vous confesseriez sa foi d'une manière éclatante et que vous donneriez votre vie pour lui. Je vous prie donc de vous souvenir de moi quand vous serez sur le point d'endurer le martyre. » Une pareille prédiction trouva le mondain fort sceptique, il sourit ironiquement et continua son chemin. Cependant, à quelque temps de là, l'évêque du Puy se proposait d'accomplir un pèlerinage à Jérusalem. Que se passa-t-il dans le cœur du notaire ? toujours est-il qu'il voulut accompagner son évêque, et qu'en traversant les terres musulmanes, saisi tout à coup du zèle des apôtres, il se mit à prêcher hautement la foi du Christ et à gourmander ses ennemis. Furieux de tant d'audace, les indigènes s'emparèrent de sa personne et la soumirent à trois jours d'affreux supplices. Antoine ne s'était pas trompé : en saluant un simple notaire, il avait salué un généreux martyr.

Vers cette même époque, un pieux citoyen de Brives donna aux frères mineurs un monastère qu'il avait construit ; Antoine y séjourna quelques mois, et l'on montre encore dans le voisinage une grotte où il aimait à se retirer. Mais souvent il s'arrachait aux délices de cette solitude pour aller cultiver le champ du Seigneur. Il travaillait ainsi avec toute l'ardeur d'un missionnaire aux environs du Puy, et, les fidèles reconnaissants avaient coutume de le fournir de vin et autres denrées.

Or, un jour, il advint qu'une femme pieuse n'ayant pas trouvé le vin suffisamment bon, voulut en offrir de meilleur. Elle court à la maison; mais, saintement préoccupée, elle ne referme point son tonneau. Naturellement le liquide se répandit. Ce que voyant la pauvre femme, seulement à son retour, elle fut grandement désolée. Puis, reprenant courage au souvenir d'Antoine, elle scelle avec confiance sa barrique entièrement vide. Soudain, la bonté de Dieu se manifeste : le vin se retrouve plus abondant qu'il n'était avant la funeste distraction de cette charitable chrétienne.

Une autre fois, pendant un discours d'Antoine, un courrier vint annoncer à une noble dame de l'assistance la mort de son unique enfant. Des plaintes déchirantes, des soupirs s'échappent du cœur de cette mère désolée. Alors Antoine, inspiré du Ciel : « Cessez, ma sœur, dit-il à cette femme, cessez de vous tourmenter. Ce messager maudit est le père du mensonge. Soyez en paix : votre fils est plein de vie. Pour vous en donner la preuve, j'ordonne à ce ministre d'iniquité de sortir à l'instant. » Et, sur l'heure, le démon s'enfuit en poussant des cris aigus.

Autre merveille : Antoine prêchait en dehors de la ville ; or une pieuse habitante de la cité brûlait d'un vif désir de l'entendre ; mais non moins vif était chez son mari le désir de l'en empêcher. Pour tout concilier, la fervente catholique monte en la partie supérieure de sa maison, ouvre la fenêtre qui regarde l'assemblée des fidèles, et, confiante, prête une oreille attentive. O prodige ! bien qu'à deux milles de distance, la voix du prédicateur parvient distinctement jusqu'à elle. Dans sa joie, elle appelle son mari. Des plaisanteries répondent à son appel ; puis, la curiosité s'allumant sous les instances réitérées, le mari cède enfin. Quel ne fut pas son étonnement ! lui aussi entendait clairement le sermon du père. C'en fut assez pour briser toutes ses résistances ; désormais, non seulement il ne voulut plus contrarier les désirs légitimes de sa femme, mais lui-même tint à se montrer un auditeur assidu du missionnaire franciscain.

CHAPITRE IX

Saint Antoine à Bourges. — à Arles, — à Limoges.

Antoine allait quitter les parages du Puy. En 1226, on l'envoya à Bourges pour combattre les hérétiques. Il recueillit toujours les mêmes succès, et toujours au pied de sa chaire venaient se presser des foules innombrables, avides de sa parole. Souvent son immense auditoire ne pouvait se contenir dans les églises, et les places publiques elles-mêmes devenaient insuffisantes.

Un jour que la multitude était plus considérable, l'évêque et le chapitre organisèrent une procession et conduisirent les fidèles dans un vaste enclos tout proche de la ville. On se trouvait en été; le temps était magnifique. Le prédicateur monta sur un tertre élevé pour prononcer son discours. Or voici que, vers le milieu, le ciel se rembrunit : de gros nuages s'assemblèrent, des éclairs sillonnaient la nue et le tonnerre grondait avec fracas. Une pluie torrentielle était imminente. On s'inquiète, on s'effraye, chacun veut fuir : « Soyez sans crainte, dit l'homme de Dieu ; demeurez tranquilles, et je réponds que pas une seule goutte d'eau ne vous atteindra. » Les chrétiens rassurés obéirent, et leur foi fut récompensée ; pendant que l'eau ruisselait autour d'eux, et qu'une grêle épaisse s'amoncelait sur le sol, pas un d'entre eux ne fut mouillé.

De Bourges, Antoine se rendit à Arles, sur l'ordre de ses supérieurs. Là était convoqué le chapitre de la province. Antoine y prêcha, et on prétend que, pendant qu'il parlait, saint François, qu'une douloureuse maladie retenait depuis longtemps à Assise, apparut tout à coup dans les airs et bénit ses chers enfants.

Après la tenue du chapitre provincial, l'homme de Dieu vint à Limoges en qualité de custode. C'est le dernier pays qu'il habitera en France. Avant d'assister à son départ, admirons donc encore quelques-uns des prodiges qui jaillissaient, pour ainsi dire, sous ses pas, et dont il avait le secret à un degré assurément extraordinaire.

Il apprit par révélation qu'un jeune novice de grande espérance était sur le point d'abandonner la vie religieuse. Sans plus tarder, il l'appelle, l'embrasse avec effusion, et, soufflant sur sa figure : « Recevez le Saint-Esprit, » dit-il. Au même instant, comme frappé de la foudre, le jeune religieux tombe sans connaissance aux pieds du saint. On le croit mort. Mais Antoine, étendant sa main, le relève ; aussitôt il recouvre ses sens : une beauté surprenante resplendissait sur son visage. Il déclara qu'après l'insufflation du Père, ravi en extase, il avait été transporté dans l'assemblée des Anges et y avait vu des choses merveilleuses. Sa vocation était pour jamais affermie : il vécut et mourut saintement dans l'Ordre.

L'humble fils de saint François, qui déjà, on le sait, avait confondu le démon, eut occasion de remporter encore sur cet esprit malin deux éclatantes victoires. La première qu'il gagna, ce fut au milieu de ses frères. On venait de sonner l'oraison ; mais, tout en remplissant cet office, le sonneur avait aperçu dans le voisinage une troupe d'inconnus occupés à dévaster les moissons d'un des principaux bienfaiteurs des religieux. Il s'empressa d'en avertir Antoine. Celui-ci, à qui les manœuvres sataniques furent surnaturellement découvertes : « Mes pères, dit-il, rendez-vous à la prière; ces malfaiteurs qui foulent les récoltes ne sont autres que les démons; ils voudraient vous détourner de l'oraison. Ayez confiance; demain vous verrez les champs aussi beaux que jamais. » Prophétie qui se réalisa pleinement.

La seconde victoire fut gagnée en public. Le missionnaire avait fait dresser, sur une grande place où il devait prêcher, une estrade destinée à recevoir l'orateur, le clergé et les principaux de la ville. Or, avant d'élever la voix, il lui fut révélé que le démon s'efforcerait de jeter l'émoi dans l'assemblée, mais qu'aucun accident grave n'était à craindre. Antoine mit ses auditeurs au courant et les rassura. Il était déjà arrivé au milieu de son discours, lorsque tout à coup l'estrade fut renversée avec un horrible fracas. On eut bien quelque peur, mais de blessure aucune. L'émotion calmée, on improvise une nouvelle chaire et le sermon continue.

De quels prodiges cette parole de saint n'était-elle pas la source ou l'occasion? Une fois, une pauvre mère, très désireuse d'entendre l'homme de Dieu, avait laissé tout seul à la maison son fils en bas âge. Elle rentre, mais, ô malheur! que voit-elle? son jeune enfant plongé dans une chaudière d'eau bouillante. Éperdue, hors d'elle-même, elle pousse des cris affreux, sans regarder davantage. Les voisins accourent, se précipitent, soulèvent le petit corps de la chaudière : grâces à Dieu! l'enfant n'avait ressenti aucun mal.

Pareil bienfait, et même plus grand encore, fut accordé à une autre chrétienne. De retour du sermon, elle trouva son enfant mort dans son lit. Sans hésiter, elle revient sur ses pas pour supplier Antoine. « Allez, lui dit le saint homme, votre fils est en vie. » Et, de fait, elle l'aperçut de loin, s'amusant avec ses camarades.

Dans cette même contrée du Limousin, Antoine, déjà si favorisé du Ciel, reçut encore une des faveurs les plus signalées. Un riche catholique lui avait offert l'hospitalité. Or voici qu'au plus profond de la nuit l'hôte généreux croit remarquer une clarté brillante dans la chambre occupée par le fils de François. Il s'approche doucement, regarde avec curiosité : ô merveille! il n'en peut croire ses yeux : il voit Antoine tenant sur ses genoux un enfant de la plus ravissante beauté. Il semble jouer avec lui,

le contemple avec attendrissement et le
comble des plus respectueuses caresses : le
bonheur éclatait sur le visage du religieux.
C'était l'Enfant Jésus lui-même, le Dieu fait
homme qui lui apparaissait et s'entretenait
avec lui. Ineffables consolations qui furent
versées de temps à autre dans le cœur de
l'intrépide missionnaire; car on lit encore ce
passage dans les chroniques des frères mineurs : « On vit sur le livre du saint un fort
bel enfant, gracieux et brillant de lumière,
lequel, se jetant au col d'Antoine, l'étreignait
et l'embrassait, comme aussi faisait le saint,
d'une façon amoureuse. » (*Chroniques des
frères mineurs.*)

CHAPITRE X

L'heure était arrivée pour Antoine de regagner les rivages de l'Italie. Son bienheureux père saint François venait de rendre à Dieu sa belle âme, et il fallait nommer, au grand chapitre, le nouveau ministre général. Il partit donc au commencement de l'année 1227; il s'achemina vers Marseille, et, après une heureuse traversée, il se trouva dans Rome quelques jours avant le Carême. Il s'empressa de porter ses hommages aux pieds du saint-père, alors Honorius III. Celui-ci l'accueillit comme un fils de prédilection, comme un thaumaturge et un saint, et il le chargea de prêcher la station qui allait s'ouvrir incessamment. Grande fut la joie des Romains, grande aussi l'affluence autour de sa chaire. Par sa parole de feu, il répandait la lumière dans les esprits, mais il excitait plus encore la componction dans les cœurs. Et d'aucuns prétendent que, sous le salutaire empire de ses prédications, les pénitences devinrent si communes, qu'il convient de lui attribuer l'origine de nombreuses confréries de flagellants qui, depuis cette époque, s'établirent dans toute l'Italie.

Cependant la station quadragésimale touchait à sa fin : le beau jour de Pâques s'était levé; et, pour cette magnifique solennité, on avait vu accourir, de presque tous les points du monde, de nombreuses caravanes de chrétiens. Un attrait nouveau pour ces gens de foi, c'est que l'on devait, en cette même fête, publier de précieuses indulgences. Or la langue en usage et prêchée d'ailleurs par Antoine était la langue italienne, qu'ignoraient la plupart des étrangers. Néanmoins ils comptaient bien ne point se priver de la satisfaction d'entendre un pareil prédicateur. La divine et paternelle Providence arrangea toutes choses : Antoine parla l'idiome du pays, et tous ceux qui l'écoutaient le comprirent parfaitement, étonnés et ravis, comme autrefois les auditeurs des Apôtres, de reconnaître les mots et le sens de leur langue natale.

La sainte quarantaine terminée, l'humble

franciscain se dirigea sur Assise. Quel édifiant voyage fut le sien! A l'imitation du vénéré patriarche de son Ordre, il chantait à haute voix, des cantiques en l'honneur de Jésus, de sa divine Mère et des saints. Ceux qu'il rencontrait, il leur faisait de courtes allocutions, et il invitait toutes les créatures à célébrer les louanges de leur auteur.

A la fin du chapitre général Antoine fut déchargé de son emploi de custode de Limoges, et reçut le titre de provincial de la Romagne ou de l'Émilie. Il était alors âgé de trente-deux ans.

CHAPITRE XI

Saint Antoine à Rimini, — à Gémona.

Le nouveau dignitaire se hâta de se rendre à son poste. Toujours brûlant de zèle pour le salut des âmes, il entreprit de convertir les hérétiques de Rimini. Mais, sa parole produisant peu, au gré de ses désirs, il recourut à un autre moyen. Il annonça que ceux qui viendraient avec lui au bord de la mer y verraient des choses prodigieuses. Aussitôt une vive curiosité emporte toutes les âmes, et fidèles et hérétiques sont réunis en très grand nombre à l'embouchure même de la Marecchia. Voici comment l'abbé Guyard, dans son histoire du saint, raconte l'événement. « Tous les yeux étaient fixés sur Antoine. Après une courte prière, il élève la voix, qui prend des accents inspirés, et, promenant son regard sur la vaste étendue des eaux, il s'écrie : « Poissons de la mer et du fleuve, écoutez ; c'est à vous que je vais annoncer la parole de Dieu puisque ces hérétiques obstinés refusent de l'entendre et de s'y soumettre. » A cette invitation de l'homme de Dieu, une foule de poissons se réunit et s'approche du rivage. Tous, la tête hors de l'eau et tournée vers l'orateur, ils se tiennent paisiblement à leur rang. Il y en avait de toutes les formes et de toutes les dimensions ; les plus petits étaient groupés le plus près du bord, les moyens venaient ensuite, puis les plus gros. Ils attendaient immobiles. « Poissons, mes petits frères, leur dit Antoine, vous devez, autant qu'il est en vous, rendre grâces au Créateur, qui a bien voulu vous donner un si noble élément pour demeure. C'est lui qui, selon vos besoins, vous fournit des eaux douces et salées, vous ménage de profondes retraites. A l'époque du déluge, vous fûtes à l'abri du péril. A l'un de vous fut confié le prophète Jonas ; vous avez procuré à Notre-Seigneur de quoi payer le cens ; vous avez servi de nourriture au Roi des rois avant et après sa résurrection. Au souvenir de tant de bienfaits, louez et bénissez le Seigneur. »

Alors les poissons s'agitent, ouvrent la bouche, inclinent la tête et s'efforcent de rendre au Très-Haut le tribut de leurs hommages. Antoine, tout transporté de joie, s'écrie : « Béni soit le Dieu Éternel, puisque de pauvres poissons lui donnent plus d'honneur que ces hérétiques. »

Cependant la multitude des poissons allait grandissant, et aucun d'eux ne quittait l'endroit où il s'était placé d'abord. En présence d'un pareil spectacle, l'obstination des sectaires ne put tenir longtemps : ils tombèrent aux pieds du thaumaturge et demandèrent à être instruits sur leurs devoirs. Immédiatement le zélé missionnaire les prêcha, et ce fut avec tant de force et d'onction, que tous se convertirent. Antoine bénit ses frères les poissons et les congédia.

Jaloux de tant de succès, le démon inspira aux hérétiques de lui tendre des embûches. Ils le convièrent à un repas, sous prétexte de s'éclairer, mais en réalité pour attenter à ses jours : ils avaient introduit dans un mets qu'ils lui servirent une forte dose de poison. Dessein perfide, mais aussi inutile qu'il était perfide. Antoine, averti du ciel, se contenta de réprimander paternellement ses ennemis, et il mangea sans hésitation et sans ressentir aucun malaise.

De Rimini, l'infatigable apôtre tourna son zèle vers Aquilée, Goritz, Udine, Gémona. Dans cette dernière ville il fit bâtir un couvent. Or il arriva que, pour les travaux de la construction, il eut besoin d'un chariot. Il pria donc un bouvier qui passait de lui prêter le sien. La proposition ne souriait guère au paysan ; aussi répondit-il qu'il ne pouvait accorder sa demande, parce que sa voiture emmenait un mort ; il voulait parler de son fils qui était seulement endormi. L'homme de Dieu se retire, et le bouvier, de son côté, délivré d'un importun, se prépare à jouir, avec son fils, de son habile stratagème. Il essaye de réveiller le jeune homme pour lui conter la chose ; mais le jeune homme dort toujours. O terreur ! son fils n'est plus qu'un cadavre : il avait dit trop vrai ; la voiture traînait un mort. Désolé, le pauvre père abandonne là bœufs et chariot, et court se prosterner aux genoux d'Antoine, le conjurant avec larmes de lui rendre son enfant. Touché de ses sanglots, le charitable disciple de François trace le signe de la croix sur le défunt, prononce quelques prières, et aussitôt le jeune homme revient à la vie.

CHAPITRE XII

Saint Antoine à Padoue. — Son entrevue
avec Eccelin.

Dès le commencement de l'année 1228,
Antoine traversa les villes de Trévise, de
Venise, et arriva à Padoue avant le jour des
Cendres. Il lui incombait la mission de prêcher le Carême. Et ce fut encore avec les
mêmes fruits, et aussi les mêmes grâces
prodigieuses.

Un jeune homme s'étant accusé devant lui
d'avoir porté à sa mère un si violent coup
de pied, qu'elle fut renversée sur le sol, Antoine, cédant à une sainte indignation, s'é-
cria : « Le pied qui a eu l'audace de frapper
son père ou sa mère devrait être coupé sur-
le-champ. » Tout couvert de confusion, le
jeune repentant prend à la lettre la réflexion
du missionnaire, et, armé d'une hache, il

détache violemment son pied. Sa famille en pleurs court prévenir Antoine : l'homme de Dieu entre quelques instants en prière, puis, ramassant le membre séparé, il le rajuste, et forme dessus le signe de croix : en un clin d'œil le sang circule de nouveau et les chairs reprennent.

Cependant Padoue n'était pas tranquille : on venait de répandre en ses murs la nouvelle de toutes les cruautés exercées par le féroce Eccelin III de Romano, gendre de l'empereur Frédéric II. Maître de Vérone, ce farouche conquérant avait à cœur d'y établir sa domination par la prison, le pillage et le meurtre. Et de Vérone il lançait ses regards ambitieux sur les contrées avoisinantes. Padoue excitait spécialement sa convoitise; mais Padoue avait un saint pour protecteur. Antoine descendit de sa chaire et s'achemina, espérant dans le Seigneur, vers le tyran que tout le monde redoutait. Dès son arrivée, il sollicite immédiatement l'honneur d'être introduit. Mais que contemplent ses yeux de moine? Un prince terrible, assis sur un trône brillant, et puis, à ses côtés, de nombreux guerriers tout prêts à exécuter ses moindres ordres. Un autre eût pris frayeur; Antoine ne tremble point. Il fixe Romano, et, d'une voix formidable : « Ennemi de Dieu, s'écrie-t-il, tyran cruel, jusques à quand persévéreras-tu dans ta férocité? Jusques à quand verseras-tu le sang innocent? Ce sang chrétien crie vengeance au ciel contre toi. La sentence divine plane sur ta tête; ton jugement sera effroyable. »

Le tyran écoutait immobile. Son activité paraissait suspendue, presque anéantie. Ses gardes n'y comprenaient rien : ils épiaient un simple signal pour mettre en pièces cet étranger audacieux. Mais le signal ne vint point. Tout au contraire, pâle de terreur, Romano se leva de son siège, enroula sa ceinture à son cou, en guise de corde, et, le front dans la poussière, il confessa humblement ses crimes, et promit de s'amender. Subite transformation, qu'il expliquait ainsi lui-même plus tard : « Ne vous étonnez point, mes camarades, disait-il à ses soldats, car, je vous l'affirme en vérité, j'ai vu sortir du visage de ce Père une sorte de splendeur divine qui m'a tellement épouvanté, que je croyais être englouti soudain jusques au fond des enfers. » Et si, dans la suite, le tyran ne resta pas toujours fidèle à ses promesses, du moins eut-il la sincérité d'avouer que, par vénération pour l'homme de Dieu, il s'était abstenu de bien ces forfaits que sans aucun doute il aurait commis.

La démarche d'Antoine, qui parut réussir, ramena dans Padoue le calme et la sécurité; mais en même temps Padoue voyait s'éloigner son intrépide défenseur.

CHAPITRE XIII

Le disciple de saint François se dirigeait
vers Bologne en passant par Ferrare. Sem-
blable au divin Maître, il semait partout des
bienfaits : dans cette dernière ville, il délia
la langue d'un enfant encore au berceau,
pour lui faire proclamer devant de nombreux
témoins l'innocence de sa mère injustement
accusée.

Puis, en novembre 1228, on lui enjoignit
de gagner Florence, afin d'y prêcher l'Avent
et le carême qui suivrait. Durant ses stations,
cette grande ville fut agitée du bruit d'un
événement étrange et bien capable d'inspirer
l'effroi. Elle avait perdu un de ses enfants,
très riche, mais très adonné à l'usure, comme
malheureusement la coutume s'en était éta-

blie. Antoine fut prié par la famille en deuil de prononcer quelques mots à la cérémonie des funérailles. Il les prononça, ces mots : mais comme ils furent épouvantables! S'appuyant sur ce texte des saintes Écritures : *Là où est votre trésor, là est votre cœur.* « Allez, dit le saint homme, avec une énergie indicible, allez à son trésor, et là vous trouverez sûrement son cœur. » On y courut; et, les coffres ouverts, on distingua au milieu des pièces d'or, ô spectacle horrible! le cœur même de l'usurier défunt.

Après plusieurs courses apostoliques dont profitèrent Milan, Verceil et d'autres centres populeux, le dévot franciscain fit route vers Assise, pour assister à la translation des reliques de saint François et au chapitre général. On approchait de la Pentecôte de 1230. Sa piété satisfaite, Antoine, au chapitre de ses frères, demanda instamment à être relevé de ses fonctions de provincial. Il avait en vue de vaquer ainsi plus librement au ministère de la parole sainte et à sa propre perfection. On ne rejeta point sa supplique.

L'humble moine fuyait les grandeurs, et pourtant les occasions ne lui manquaient point. Il fit partie d'une députation que le général des franciscains avait envoyée auprès du pape Grégoire IX pour obtenir la solution de quelques doutes. Antoine, au cours de cette affaire, développa à la fois tant de savoir, de délicatesse et de prudence, que le saint-père émerveillé voulut le conserver dans ses conseils. Le saint homme s'y refusa. Il aima mieux respirer quelque temps l'air pur du mont Alverne, encore tout embaumé du souvenir de François, et à jamais célèbre par l'impression des sacrés stigmates qu'y reçut du ciel le vénéré patriarche.

De cette montagne bénie Antoine descendit à regret, vers la fin de septembre 1230 ; mais ce fut pour rentrer dans sa chère cité de Padoue. Il y reprit son cours de théologie, et, par ses leçons publiques, infligea à l'hérésie et à l'erreur de cruelles défaites. La chaire le réclamait : il y reparut au carême de 1231 ; avec quel éclat, on ne saurait le dépeindre. Plus de trente mille auditeurs étaient suspendus à ses lèvres, et quand, le sermon terminé, il retournait à sa résidence, c'était une véritable ovation : on se pressait à l'envi autour de lui, on baisait ses pieds, ses mains ; on regardait comme une faveur précieuse de toucher le bord de sa robe, et quelques femmes plus ardentes poussaient même leur pieuse audace jusqu'à couper de leurs ciseaux de petits morceaux de sa tunique.

Le pauvre franciscain ne s'arrachait qu'à grand'peine à ces triomphes incommodes, et plus d'une fois il eut besoin d'une escorte pour se tirer de la foule d'un peuple enthousiaste.

C'était là le résultat extérieur; mais l'œuvre de Dieu s'opérait merveilleusement dans l'intimité des consciences. Toutes sortes de pécheurs se convertissaient; les prêtres se fatiguaient à entendre d'innombrables confessions, et Antoine lui-même leur prêtait très largement son concours : il quittait le confessionnal pour la chaire et la chaire pour le confessionnal. Et au milieu de cette sollicitude des âmes il prit souvent sa première réfection à la nuit tombante.

C'en était trop, l'éternel ennemi du nom chrétien éprouva le besoin d'essayer de nouvelles luttes avec le ministre du Seigneur. Une nuit qu'il reposait doucement, il s'approcha de sa couche, le saisit à la gorge avec tant de violence qu'il faillit l'étouffer. Mais Dieu veillait sur son serviteur : Antoine implora sa protection par la prière : il murmura surtout, du mieux qu'il lui fut permis, son hymne favorite en l'honneur de la Vierge, l'*O gloriosa Domina*. Aussitôt le démon s'enfuit, et en même temps une clarté toute céleste illumina la cellule du saint religieux.

La vertu des miracles était loin de l'avoir abandonné. Un soir qu'il rentrait de sa prédication, il fut rencontré par une pauvre femme qui portait dans ses bras son enfant perclus des pieds et des mains. De grosses larmes tombaient de ses yeux : elle supplia de toute la puissance de son amour le charitable missionnaire de vouloir bien guérir son fils par un signe de croix. Antoine tout d'abord s'y refuse dans sa modestie; mais la mère revient à la charge, du ton le plus attendrissant : « Bon père Antoine, soupira-t-elle, ayez pitié de moi. » L'homme de Dieu, vaincu, forme le signe de la croix, et sur-le-champ l'infirme est complétement guéri.

Il rendit pareillement à la santé, par le seul contact de sa main, la fille d'un riche citoyen de Padoue qui vivait toute difforme et tourmentée par de fréquentes attaques nerveuses.

A une épouse expirant sous la brutalité de son mari, il redonna et sa vie qui s'exhalait, et ses forces perdues.

C'est par ces prodiges joints à sa parole qu'il remuait la population de Padoue. Tout le monde était ravi d'admiration, et la renommée allait faire bénir son nom jusque dans les derniers villages et les plus humbles bourgades, d'autant plus que le zélé prédicateur lui-même ne dédaignait point, par intervalle, de substituer à la grande chaire des villes la modeste chaire des campagnes.

Mais ces courses évangéliques touchaient à leur terme. Brisé de fatigue, Antoine se résolut à écrire au ministre de la province pour qu'on lui accordât d'habiter quelque lieu solitaire. Sa lettre écrite, il la posa sur une table, puis se dirigea vers le Père gardien de son couvent, afin de lui manifester ses intentions. Que se passa-t-il en son absence? Toujours est-il que sa lettre avait disparu, et que, sans doute, quelque messager divin s'était chargé de la porter, puisque le Provincial l'avait reçue. Il lui fit bon accueil, et, peu de jours après, il répondait que le désir d'Antoine serait satisfait.

CHAPITRE XIV

Après l'heure de la retraite sonnera bientôt
celle du départ. L'homme de Dieu fut averti
surnaturellement de sa mort prochaine ; mais
il en garda soigneusement le secret. Un soir
seulement, en présence d'un de ses compa-
gnons, il laissa échapper ces mots prophé-
tiques : « Padoue sera bientôt un lieu célèbre
et ses louanges retentiront partout ».

Or il y avait à une petite distance de cette
ville un endroit isolé, nommé Champ de
saint Pierre, *Campietro*. Le maître de ce
lieu, le seigneur Tison, l'offrit comme séjour
au vénérable moine ; et, pour entrer plus
complètement dans ses goûts, il eut soin de
faire construire trois petites cellules sur les
larges branches d'un arbre touffu. Antoine,

avec deux de ses frères, prit possession de ce gîte aérien au commencement de juin 1231. Là, à l'imitation du grand apôtre, il se plaisait à redire ces paroles de l'amour chrétien : « Je souhaite ardemment la dissolution de ce corps, afin d'être avec Jésus-Christ. » Dans cette retraite, il n'était point privé cependant du bienfait de la vie commune, car il y avait tout proche un couvent de mineurs qui de temps à autre recevait sa visite.

Un jour qu'il était descendu pour y prendre son frugal repas, il ressentit quelque malaise. Il s'assit néanmoins avec les autres. Mais tout à coup ses forces le trahissent, il chancelle; les religieux s'empressent, le soulèvent de leurs bras, et vont l'étendre sur une misérable couche. Alors le malade comprend que la prédiction de sa fin va s'accomplir; il appelle son compagnon, le frère Roger : « Si vous le trouvez bon, dit-il, cher frère, je me ferai transporter à Padoue au monastère de Sainte-Marie, afin de ne pas surcharger nos frères de Campietro. » Les religieux réclament avec supplication, mais c'est en vain : un chariot est préparé, et on y installe doucement Antoine.

Comme le cortége approchait de la ville, on rencontra des franciscains qui accouraient prendre des nouvelles de leur frère. Il leur parut si affaibli, si languissant, qu'ils redoutaient pour lui une plus longue route, d'autant plus que la population de Padoue, saintement curieuse, ne manquerait point d'affluer sur son passage. D'après leur conseil, on déposa le moribond au couvent de l'Arcella.

Tout aussitôt le fervent religieux demanda les sacrements de Pénitence et d'Eucharistie. Dans les effusions de sa reconnaissance à l'égard de Jésus, il n'oublia pas sa tendre Mère, et il se mit à chanter d'une voix mélodieuse l'hymne *O gloriosa Domina*. Cette hymne sacrée, qu'il avait apprise sur les genoux de sa mère, dont il avait rempli les échos de ses solitudes et les chemins de ses nombreux voyages, il voulait la répéter au déclin de sa vie comme un dernier salut d'espérance et d'amour. Son cantique achevé, il tint ses yeux longtemps levés au ciel. Un rayon surnaturel et divin éclairait sa belle figure; c'était la glorieuse Vierge Marie qui descendait consoler son enfant, et, pour comble de bonheur, elle lui présentait son aimable Fils, tout environné de mansuétude, de bonté, et tenant dans ses mains le signe de la rédemption. Un des assistants l'ayant interrogé sur l'objet de sa vision: « Je vois, répondit-il, mon Seigneur Jésus qui m'invite à aller vers lui. » Après ces paroles, il reçut l'Extrême-Onction dans les sentiments de la foi la plus vive et de la plus sincère douleur. Il récita les sept psaumes de la pénitence; puis il sembla se recueillir pendant une demi-heure, abîmé dans la pensée de Dieu. C'était son âme qui se dégageait de son enveloppe mortelle; elle s'envola vers la région des bienheureux le 13 juin de l'année 1231, un vendredi, peu avant le coucher du soleil. Ses traits ne subirent aucune altération; tout au contraire, ils revêtirent la fraîcheur de la jeunesse.

Antoine était âgé de trente-six ans. Il en avait passé quinze au sein de sa famille, dix chez les chanoines réguliers de Saint-Augustin et les onze derniers dans l'Ordre de Saint-François. Il était d'une taille un peu au-dessous de la moyenne et d'un tempérament maladif; sa figure ronde, gracieuse, conservait une apparence toujours juvénile, presque enfantine et néanmoins empreinte d'une douce gravité. Son regard était brillant, et ses lèvres très vermeilles : le tout respirant la bonté la plus exquise.

Au moment même de sa mort, Antoine apparut à l'abbé des bénédictins de Verceil.

Une étroite amitié les unissait ensemble, et le révérend père abbé avait jadis enseigné la théologie à Antoine. Tout à coup celui-ci se présenta dans sa chambre pendant qu'il méditait profondément les saintes Écritures : « Seigneur abbé, dit-il en le saluant, je viens de laisser ma monture auprès de Padoue, et je pars pour ma patrie. » Et, ce disant, il toucha légèrement à la gorge son vénérable ami, qui en souffrait beaucoup ; tout aussitôt le mal disparaît et Antoine avec lui. L'abbé s'étonnait d'une visite aussi rapide : il crut réellement qu'Antoine se rendait en Portugal. Il fit enquête dans son abbaye, racontant et interrogeant : on n'y comprenait rien ; nul n'avait vu le saint homme. Plus tard seulement le mystère se dévoila lorsque l'on connut exactement le jour et l'heure du glorieux trépas.

CHAPITRE XV

Funérailles de saint Antoine. — On vient en foule
à son tombeau.

Les franciscains résolurent de tenir se-
crète, autant que possible, la mort de leur
frère. Mais inutile projet : en moins d'une
heure, toute la ville de Padoue retentissait
de la grave nouvelle. Des groupes de petits
enfants sillonnaient les rues en criant : « Le
Père saint est mort; le grand prédicateur est
mort; saint Antoine est mort. »

Et sortant de leurs demeures, les habitants
se précipitèrent vers le couvent de l'Arcella;
chacun voulait contempler de ses yeux. On
se pressait violemment, on se portait presque
les uns les autres, tant la foule était considérable. Il y eut des cris, des plaintes amères.
La querelle s'échauffa surtout pour déter-
miner qui posséderait le corps du défunt;
l'évêque eut beau intervenir, s'appuyant de

l'avis de son chapitre; sa sentence ne fut pas agréée. Les citoyens d'un certain quartier populeux appelé la Tête-du-Pont s'entêtaient à réclamer les restes de celui qu'ils avaient honoré comme leur apôtre; de leur côté, de saintes religieuses convoitaient ardemment cette dépouille vénérée. Aux uns et aux autres l'évêque finalement réussit à faire admettre qu'il convenait d'attendre l'arrivée et la décision du provincial alors absent. Avec le provincial il fallut encore d'assez longs pourparlers; les émeutiers à la fin cédèrent : il fut arrêté que, suivant son désir, le saint serait inhumé dans un couvent des frères de son ordre. Ce point admis, on ne songea plus qu'à rendre la cérémonie aussi brillante que possible.

Une magnifique procession se déroula à travers les faubourgs et les rues de Padoue. Des soldats ouvraient la marche; puis s'avançaient les corporations religieuses, suivies du podestat, des prêtres, du chapitre et de l'évêque; enfin le corps du bienheureux porté par les magistrats et les notables de la cité. Sur tous les visages rayonnait la joie la plus pure; les airs se remplissaient des notes éclatantes des trompettes guerrières, et aux hymnes sacrées répondaient les acclamations enthousiastes des fidèles. Le cortège triomphal parvint ainsi, sur des tapis de fleurs, de verdure, et à la lumière étincelante de mille flambeaux, jusqu'à l'église Sainte-Marie. C'était celle du couvent fondé à Padoue par saint François lui-même, en 1220.

L'évêque célébra le saint sacrifice; puis, les prières funèbres récitées, on déposa le corps d'Antoine dans un très beau sarcophage en marbre que l'on avait trouvé, dit-on, miraculeusement dans le temple, et qui subsiste encore aujourd'hui : on le désigne dans le peuple sous le nom d'*Arche du saint;* il fut scellé le 17 juin 1231.

Dès lors il s'établit vers le saint tombeau un courant ininterrompu. La piété, l'amour, la gratitude y poussaient bien des âmes; et, certes, ces âmes n'étaient point dans l'illusion : d'éclatants miracles se produisaient, des grâces précieuses tombaient du ciel; les malades se guérissaient, et ceux que leurs infirmités empêchaient d'approcher commodément se tenaient sur la place voisine, et leurs vœux n'en étaient pas moins exaucés. On formait des associations, qui aimaient à se rendre processionnellement, et souvent sous les livrées de la pénitence, auprès de cette tombe d'où émanaient tant de vertus et tant de bienfaits. Toutes les classes de la société prenaient part à ce pieux mouvement;

et, des ombres de la mort, Antoine semblait gouverner tous les esprits : on ne pensait qu'à lui, on ne parlait que de lui, vers lui se dirigeait toute la confiance. Chaque visiteur qui venait s'agenouiller devant ses reliques, se plaisait à lui offrir un cierge allumé et parfois embelli des plus riches peintures, et la générosité chrétienne versait abondamment ses dons pour la décoration de son église.

CHAPITRE XVI

Saint Antoine est canonisé. — Un miracle à Lisbonne.
— Son église à Padoue. — La translation de ses
reliques.

Un mois ne s'était pas encore écoulé, que
déjà Antoine était honoré et invoqué partout
comme un bienheureux; c'était la voix du
peuple : celle de Dieu parlerait bientôt. On
envoya une députation solennelle au pape
pour le prier respectueusement de s'occuper
de la canonisation de l'humble fils de saint
François. Grégoire IX, qui avait chéri par-
ticulièrement Antoine, accueillit avec un vif
bonheur les délégués et s'empressa de nommer une commission.

Dès le mois de février 1232 les commisaires
avaient fini leur examen. Leur conclusion fa-
vorable ne fut pas sans soulever quelque difficulté. Des cardinaux craignaient une trop
grande hâte, l'un d'entre eux essaya même

une opposition des plus énergiques; mais sa résistance serait bientôt brisée. Une nuit, pendant qu'il sommeillait, il crut assister à une consécration d'église faite par le souverain Pontife. Au moment de prendre les reliques pour l'autel, elles avaient mystérieusement disparu; alors le saint-père indiqua d'un geste un linceul blanc que l'on apercevait au milieu de l'église. Les cardinaux s'approchent : mais, ô horreur, sous le voile à peine levé, leurs yeux ont entrevu le corps d'un homme récemment décédé. Cependant, sur l'ordre du Pontife suprême, le cadavre est entièrement découvert : et sur-le-champ il s'en exhale un suave parfum. On reconnaît la dépouille d'Antoine; chacun de la vénérer en s'écriant : Antoine est saint! Antoine est saint! Cette vision gagna complétement le cardinal à la cause d'Antoine, et, toute difficulté étant désormais aplanie, Grégoire IX fixa au 30 mai, jour de la Pentecôte la cérémonie de la canonisation. Elle eut lieu à Spolète, où résidait momentanément la cour pontificale. Une foule immense était accourue de toutes les parties de l'Europe, et au sacré collége on voyait se joindre un grand nombre d'évêques, de prêtres et de religieux. Au milieu de toute cette assemblée, le saint-père prononça du haut de son trône, après les prières et les formalités d'usage, le décret qui inscrivait le bienheureux père Antoine au catalogue des saints. Immédiatement s'élancèrent de tous les cœurs des chants de triomphe et les voûtes de la cathédrale tressaillirent à ces élans du peuple chrétien.

On prétend qu'à Lisbonne, le jour même de la canonisation d'Antoine, les cloches de toutes les églises se mirent à sonner d'elles-mêmes. Les habitants sortirent de leurs demeures comme entraînés par un mouvement irrésistible et se livrèrent en public aux démonstrations de la plus vive allégresse. On ne s'expliquait guère cette conduite étrange ; bientôt le mystère s'éclaircit : des religieux venus de France annoncèrent qu'Antoine était canonisé, et précisément ce fait mémorable s'était accompli au jour et à l'heure où ses compatriotes du Portugal donnaient des signes si extraordinaires de contentement et de bonheur.

C'est à Padoue surtout que la joie fut sans bornes, et pour en perpétuer le souvenir, en même temps que pour honorer le saint, on entreprit une restauration grandiose de la modeste église des mineurs. On la rendit une des plus vastes, des plus riches et des plus belles du monde catholique. Dans ce temple ainsi res-

tauré on transporta l'arche du saint en 1263 ;
saint Bonaventure, alors général de l'ordre,
tint à honneur d'opérer lui-même cette translation. C'était le 8 avril, le dimanche de Qua-
simodo ; on ouvrit le tombeau du bienheureux : ses chairs, entièrement consumées,
étaient réduites en poussière ; seule, la langue
demeurait intacte, aussi fraîche, aussi ver-
meille que si le serviteur de Dieu eût été
vivant. Saint Bonaventure, la prenant dans
ses mains, la baisa respectueusement et s'é-
cria avec larmes : « O bienheureuse langue,
qui avez constamment béni le Seigneur et
l'avez fait bénir par un nombre infini d'âmes,
c'est maintenant que l'on peut juger combien
vous êtes précieuse devant Celui qui vous
avait formée pour servir à une fonction si
noble et si sublime. » Puis la sainte relique
fut exposée à la vénération des fidèles. Aujourd'hui, elle est renfermée dans un splen-
dide ostensoir ; devant l'autel d'Antoine, du
Santo, comme dit le peuple, brûlent sans
cesse trente-six lampes d'argent, généreux
témoignages de la reconnaissance des chrétiens, mais aussi symboles gracieux de l'ardente charité qui toujours consuma le cœur
d'Antoine pour son Dieu et pour son pro-
chain. Puissions-nous, à son exemple, brûler
d'amour pour le Seigneur et pour nos frères !

APPENDICE

LE CULTE DE SAINT ANTOINE — QUELQUES PRIÈRES
EN SON HONNEUR — SES LITANIES

POUR QUELLES GRACES ON INVOQUE SAINT ANTOINE.

Saint Bonaventure déclare que l'on peut demander par l'intercession de saint Antoine toutes les grâces qui ne se peuvent obtenir sans miracle. Néanmoins, on a coutume de l'invoquer d'une manière particulière dans le danger de faire naufrage ; pour retrouver les choses perdues ; pour la guérison des malades, pour connaître les vocations et les desseins de Dieu, pour la réussite des entreprises spirituelles ou même simplement matérielles ; pour l'heureuse issue d'un voyage.

DIFFÉRENTES MANIÈRES DE REPRÉSENTER SAINT ANTOINE.

Saint Antoine est représenté souvent portant dans ses mains le saint Sacrement, devant lequel est prosternée une mule ; ou bien encore avec l'Enfant Jésus entre ses bras ; quelquefois guérissant un homme dont le pied était coupé; parfois aussi, sa langue rayonnant entre les mains de saint Bonaventure. Les faits racontés plus haut fournissent sur tous ces points des explications suffisantes. On le dépeint encore tenant un lis, sans doute pour exprimer toute la candeur de son âme, pour rappeler aussi le magnifique triomphe qu'il remporta, à l'âge de quinze ans, sur le démon essayant de le tenter contre la belle vertu; c'est même, assurent quelques historiens, à cette occasion périlleuse qu'il produisit son premier miracle. Pour chasser l'esprit tentateur, le pieux adolescent traça sur le marbre de la cathédrale, où il servait à la maîtrise, le signe de la croix; aussitôt la pierre s'amollit et le signe s'imprima. Après plus de six siècles, on voit encore cette marque sacrée et on la vénère.

RÉPONS MIRACULEUX.

Tous les anciens auteurs, dit le R. P. Henry, attribuent ce répons à saint Bonaventure. Le docteur séraphique, plein d'admiration à la vue des prodiges sans nombre qui s'opéraient par l'invocation d'Antoine, voulut les décrire en peu de mots, afin d'en mieux graver le souvenir dans la mémoire de chaque fidèle. Alors ce chant d'amour et de triomphe s'échappa de son cœur embrasé : *Si quæris miracula*. De temps immémorial, on chante ce pieux répons dans l'église du saint, à Padoue. Les religieux le récitent fréquemment devant l'arche qui contient ses reliques, et, bien des fois, on a vu des miracles éclatants s'opérer pendant qu'on prononçait ces paroles merveilleuses.

Si quæris miracula,
Mors, error, calamitas,
Dæmon, lepra fugiunt,
Ægri surgunt sani.

Vous cherchez des miracles? La mort, l'erreur, les calamités, la lèpre, le démon prennent la fuite : les malades recouvrent la santé.

℞. Cedunt mare, vincula;
Membra resque perditas
Petunt et accipiunt
Juvenes et cani.

℞. La mer obéit. Les chaînes se brisent; la jeunesse, ainsi que la vieillesse, demande l'usage de ses membres et ses choses perdues, et elle les reçoit.

Pereunt pericula;
Cessat et necessitas;
Narrent hi, qui sentiunt,
Dicant Paduani.

Les dangers disparaissent; la nécessité n'existe plus. Racontez-le, vous qui l'avez éprouvé; parlez, habitants de Padoue.

℞. Cedunt mare, etc.
Gloria Patri, et Filio, et Spiritui sancto.
℞. Cedunt mare, etc.
℣. Ora pro nobis, beate Antoni;
℞. Ut digni efficiamur promissionibus Christi.

℞. La mer obéit, etc.
Gloire au Père, au Fils et au Saint-Esprit.
℞. La mer obéit, etc.
℣. Priez pour nous, bienheureux Antoine;
℞. Afin que nous devenions dignes des promesses de Jésus-Christ.

OREMUS

Ecclesiam tuam, Deus, beati Antonii, confessoris tui, commemoratio votiva lætificet, ut spiritualibus semper muniatur auxiliis et gaudiis perfrui mereatur æternis.

ORAISON

Que la pieuse commémoration du bienheureux Antoine, votre confesseur, ô mon Dieu, réjouisse votre Église, afin qu'elle soit toujours assistée de secours spirituels, et mérite de pos-

Per Christum Dominum nostrum.
Amen.

séder le bonheur sans fin.
Par Jésus-Christ Notre-Seigneur.
Ainsi soit-il.

Une indulgence de cent jours est accordée chaque fois qu'on récite ce répons miraculeux avec le verset et l'oraison. (Pie IX, 25 janvier 1866.)

Une indulgence plénière est accordée à chaque fidèle qui, ayant récité tous les jours pendant un mois ce répons avec le verset et l'oraison, se confessera, communiera et visitera une église ou chapelle publique quelconque, y priant aux intentions du souverain pontife. (Pie IX, 25 janvier 1866.)

PRIÈRE POUR OBTENIR
DE RETROUVER LES CHOSES PERDUES.

Grand saint Antoine, apôtre plein de bonté, qui avez reçu de Dieu le pouvoir spécial de faire retrouver les choses perdues, secourez-moi en ce moment, afin que, par votre assistance, je retrouve l'objet que je cherche. Obtenez-moi aussi une foi agissante, une parfaite docilité aux inspirations de la grâce, le dégoût des vains plaisirs du monde et un désir ardent des joies ineffables de la bienheureuse éternité. Ainsi soit-il.

(Extrait du Manuel du R. P. Henry.)

Notre Père. — Je vous salue. — Gloire au Père, ou encore le *répons :* Si quæris miracula, etc.

DÉVOTE PRIÈRE A SAINT ANTOINE.

Je vous salue, grand saint Antoine, mon Père et mon protecteur. Humblement prosterné à vos pieds, je vous supplie d'intercéder pour moi auprès de Jésus-Christ Notre-Seigneur, afin qu'il daigne m'accorder par vos mérites la grâce que je désire (on peut la spécifier ici), si c'est sa très sainte volonté à laquelle je me soumets entièrement, car je veux par-dessus tout la gloire de Dieu et le salut de mon âme. Intercédez pour moi, ô grand saint; je vous le demande au nom de Dieu que vous avez tant aimé et et si fidèlement servi. Je vous le demande au nom de Marie, que vous avez si tendrement aimée. Je vous le demande au nom et pour l'amour de Jésus, ce très doux agneau, que vous avez eu le bonheur de recevoir entre vos bras. Je vous le demande au nom des trente-trois ans de la vie laborieuse et souffrante que ce très doux Sauveur a passés sur la terre; au nom de la mort ignominieuse qu'il a endurée pour nous sur la croix. Je vous le demande au nom des faveurs singulières dont il vous a comblé sur la terre; au nom du pouvoir extraordinaire qu'il s'est plu à vous accorder.

(R. P. Henry.)

PRIÈRE POUR DEMANDER UNE BONNE MORT.

Grand saint Antoine, qui avez obtenu à tant de pécheurs la grâce de mourir de la mort des justes, soyez, je vous en conjure, mon guide, mon défenseur et mon appui lorsque devra sonner pour moi l'heure suprême, lorsque mon âme sera sur le point de paraître devant le souverain Juge. Obtenez-moi, en ce moment décisif, une grande confiance en la miséricorde divine, un abandon total à la volonté du Seigneur, une parfaite contrition de tous mes péchés, la grâce inappréciable de recevoir pieusement les sacrements de l'Église, et enfin le bonheur d'expirer entre les bras du Sauveur et de sa sainte Mère, en prononçant avec amour leurs noms si doux et à jamais bénis. Ainsi soit-il. *(R. P. Henry.)*

LITANIES DE SAINT ANTOINE DE PADOUE.

Kyrie, eleison.

Christe, eleison.

Kyrie, eleison.

Christe, audi nos.

Christe, exaudi nos.

Pater de cœlis, Deus, miserere nobis.

Fili Redemptor mundi Deus, miserere nobis.

Spiritus sancte Deus, miserere nobis.

Sancta Trinitas, unus Deus, miserere nobis.

Sancta Maria, ora pro nobis.

Sancta Dei Genitrix, ora.

Sancta Virgo Virginum, ora.

Sancte Francisce, pauperum patriarcha, ora.

Sancte Antoni de Padua, ora.

Sancte Antoni, Jesu et Mariæ amice. ora.

Sancte Antoni, vir apostolice, ora.

Sancte Antoni, spiritu prophetico plene, ora.

Sancte Antoni, doctor optime veritatis, ora pro nobis.

Sancte Antoni, ordinis seraphici ornamentum, ora.

Sancte Antoni, lumen sacrosanctæ Ecclesiæ, ora.

Sancte Antoni, prædicator gratiæ, ora.

Sancte Antoni, tuba legis evangelicæ, · ora.

Sancte Antoni, speculum regularis disciplinæ, ora pro nobis.

Sancte Antoni, cultor vitæ asperrimæ, ora.

Sancte Antoni, norma abstinentiæ, ora.

Sancte Antoni, exemplar obedientiæ, ora.

Sancte Antoni, paupertatis amantissime, ora.

Sancte Antoni, lilium castitatis, ora.

Sancte Antoni, rosa patientiæ, ora.

Sancte Antoni, viola humilitatis, ora.

Sancte Antoni, gemma lucens sanctitatis, ora.

Sancte Antoni, expugnator hæreseon, ora.

Sancte Antoni, zelator divini cultus ferventissime, ora pro nobis.

Sancte Antoni, salutis animarum sitientissime, ora pro nobis.

Sancte Antoni, martyrii cupidissime, ora.

Sancte Antoni, amator et imitator assidue Salvatoris, ora pro nobis.

Sancte Antoni, Virginis Deiparæ cultor devotissime, ora pro nobis.

Sancte Antoni, seraphici Francisci æmulator sanctissime, ora pro nobis.

Sancte Antoni, operator miraculorum clarissime, ora pro nobis.

Sancte Antoni, protector in te sperantium fidelissime, ora pro nobis.

Agnus Dei, qui tollis peccata mundi, parce nobis,
Domine.

Agnus Dei, qui tollis peccata mundi, exaudi nos,
Domine.

Agnus Dei, qui tollis peccata mundi, miserere
nobis.

℣. Prædicator egregie, ora pro nobis, Antoni
beatissime.

℟. Ut tua interventione percipiamus gaudia vitæ.

OREMUS.

Subveniat plebi tuæ, quæsumus, Domine, præ-
clari Confessoris tui beati Antonii devota et jugis
deprecatio, quæ in præsenti nos tua gratia dignos
efficiat, et in futuro gaudia donet æterna. Per
Christum Dominum nostrum. Amen.

LES MÊMES LITANIES EN FRANÇAIS.

Seigneur, ayez pitié de nous.

Jésus-Christ, ayez pitié de nous.

Seigneur, ayez pitié de nous.

Jésus-Christ, écoutez-nous.

Jésus-Christ, exaucez-nous.

Dieu le Père, du haut des cieux, ayez pitié de
nous.

Dieu le Fils, Rédempteur du monde, ayez pitié
de nous.

Dieu le Saint-Esprit, ayez pitié de nous.

Trinité sainte, qui êtes un seul Dieu, ayez pitié
de nous.

Sainte Marie,   priez pour nous.

Sainte Mère de Dieu,   priez.
Sainte Vierge des vierges,   priez.
Saint François, patriarche des pauvres,   priez.
Saint Antoine de Padoue,   priez.
Saint Antoine, ami de Jésus et de Marie,   priez.
Saint Antoine, homme apostolique,   priez.
Saint Antoine, doué de l'esprit de prophétie, priez.
Saint Antoine, docteur sublime de la vérité, priez.
Saint Antoine, ornement de l'ordre séraphique,
    priez pour nous.
Saint Antoine, lumière de la très sainte Église,
    priez pour nous.
Saint Antoine, prédicateur de la grâce,   priez.
Saint Antoine, propagateur de la foi,   priez.
Saint Antoine, miroir de la discipline religieuse,
    priez pour nous.
Saint Antoine, très mortifié dans votre vie, priez.
Saint Antoine, modèle d'abstinence,   priez.
Saint Antoine, exemple d'obéissance,   priez.
Saint Antoine, ami passionné de la pauvreté, priez.
Saint Antoine, lis de chasteté,   priez.
Saint Antoine, rose de patience,   priez.
Saint Antoine, violette d'humilité,   priez.
Saint Antoine, diamant resplendissant de sain-
    teté, priez pour nous.
Saint Antoine, destructeur des hérésies,   priez.
Saint Antoine, très fervent zélateur du culte di-
    vin, priez pour nous.
Saint Antoine, très altéré du salut des âmes, priez.
Saint Antoine, très désireux du martyre,   priez.
Saint Antoine, l'ami et l'imitateur assidu de
    Jésus, priez pour nous.

Saint Antoine, très dévot serviteur de la Vierge Mère de Dieu, priez pour nous.

Saint Antoine, disciple fervent du séraphique François d'Assise, priez pour nous.

Saint Antoine, très illustre thaumaturge, priez pour nous.

Saint Antoine, très fidèle protecteur de ceux qui espèrent en vous, priez pour nous.

Agneau de Dieu qui effacez les péchés du monde, pardonnez-nous, Seigneur.

Agneau de Dieu qui effacez les péchés du monde, exaucez-nous, Seigneur.

Agneau de Dieu qui effacez les péchés du monde, ayez pitié de nous.

℣. Illustre prédicateur, très heureux saint Antoine, priez pour nous.

℟. Afin que, par votre intercession, nous arrivions au bonheur de la vie éternelle.

PRIONS.

Faites, Seigneur, nous vous en supplions, que votre peuple soit secouru par la pieuse et continuelle intercession de votre illustre confesseur saint Antoine; que sa protection nous rende dignes de votre grâce en ce monde, et nous obtienne, pour la vie future, les joies éternelles. Par Jésus-Christ Notre-Seigneur. Ainsi soit-il.

TABLE

—

APPENDICE

LE CULTE DE SAINT ANTOINE. — QUELQUES PRIÈRES EN SON HONNEUR. — SES LITANIES

17471. — Tours, impr. Mame.

TOURS — IMPRIMERIE MAME

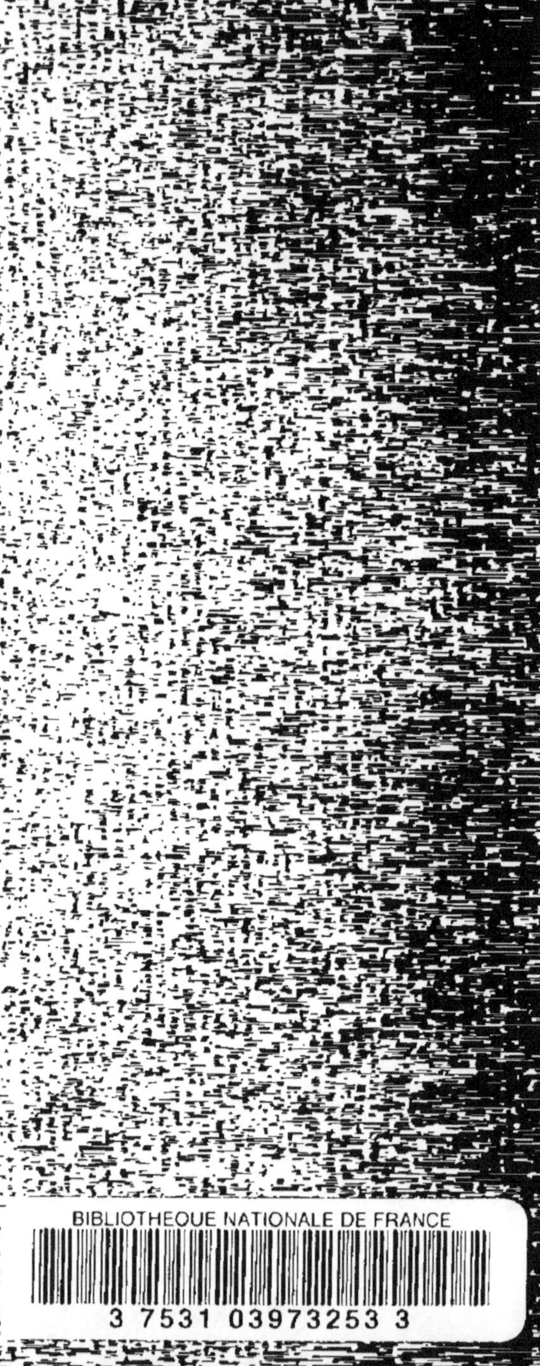